BEI GRIN MACHT SICH IHR WISSEN BEZAHLT

Trainingsplanung für ein Beweglichkeits- und Koordinationstraining

Simon Kiefer

Bibliografische Information der Deutschen Nationalbibliothek:

Die Deutsche Nationalbibliothek verzeichnet diese Publikation in der Deutschen Nationalbibliografie; detaillierte bibliografische Daten sind im Internet über http://dnb.d-nb.de abrufbar.

ISBN: 9783346624475
Dieses Buch ist auch als E-Book erhältlich.

Druck und Bindung: Books on Demand GmbH, Norderstedt Germany
Gedruckt auf säurefreiem Papier aus verantwortungsvollen Quellen

Das vorliegende Werk wurde sorgfältig erarbeitet. Dennoch übernehmen Autoren und Verlag für die Richtigkeit von Angaben, Hinweisen, Links und Ratschlägen sowie eventuelle Druckfehler keine Haftung.

Das Buch bei GRIN: https://www.grin.com/document/1188373

Deutsche Hochschule für
Prävention und Gesundheitsmanagement
Hermann Neuberger Sportschule 3
66123 Saarbrücken

Einsendeaufgabe

Fachmodul: Trainingslehre III

Studiengang: Fitnessökonomie

**Datum
Präsenzphase:** 09.11. – 11.11.2020

Name, Vorname: Kiefer, Simon

Studienort: Stuttgart

Semester: WS 2018/19

Inhaltsverzeichnis

1 Personendaten

Im Folgenden wurden für ein zu erstellendes Beweglichkeits- sowie Koordinationstraining zunächst die Personendaten der Zielperson erfasst.

Tabelle 1: Personendaten (Eigene Darstellung)

Alter	57 J.
Geschlecht	männlich
Körpergröße	1,78 m
Körpergewicht	73 Kg
Beruf	Buchhalter (sitzende Tätigkeit)
Trainingsmotive	Normale Beweglichkeit sowie Dehnfähigkeit im Oberkörper, insbesondere im Bereich des Schultergürtels und der oberen Rückenpartien. Außerdem soll eine aufrechte Haltung erreicht werden.
Aktuelle sportliche Aktivitäten	- 2 x pro Woche 20 km Fahrradfahren (Rennrad) seit ca. 4 Jahren. - 2-3 x pro Woche Krafttraining, 60-90 min, seit 2 Jahren.
Frühere sportliche Aktivitäten	-
Zeitlicher Verfügungsrahmen	Insgesamt 3 h pro Woche
Allgemeiner Gesundheitszustand	Orthopädische/Internistische Probleme: - *Leichte Hyperkyphose im BWS-Bereich* Ärztliche Behandlungen: - *Operation an der Leiste (Bruch links, 4 Wochen ärztl. Sportverbot), 1 Monat zurückliegend* Einnahme von Medikamenten: Nicht gegeben.
Sonstige gesundheitliche Einschränkungen	Bewegungseinschränkungen bei der Retroversion der Arme hinter den Rücken.

Mithilfe der Personendaten werden die passenden Übungen zusammengestellt, eine ent-
sprechende Trainingsintensität gewählt sowie ein zeitlicher Rahmen für das Training
gesetzt. Bezüglich des allgemeinen Gesundheitszustands ist bei der Zielperson von einer
vollumfänglichen Belastbarkeit und Trainierbarkeit auszugehen. Ausgenommen hiervon
ist im Rahmen der Beweglichkeitstestung sowie bei der Auswahl von Dehnübungen, die

den abdominalen Bereich und die Hüftflexoren miteinbeziehen, der Bereich der Leistengegend. Bei entsprechenden Übungen soll hier nicht an die Schmerzgrenze gegangen werden, um Überstrapazierungen im noch empfindlichen Leistengewebe zu vermeiden. Hinsichtlich der vorhandenen Hyperkyphose soll der Schwerpunkt im Beweglichkeitstraining auf die obere Rückenpartie sowie die Schulter- und Brustmuskulatur gelegt werden, um vorhandene Bewegungseinschränkungen sowie das Ausmaß der Hyperkyphose zu reduzieren.

2 Beweglichkeitstestung

Zur Beurteilung der Beweglichkeit der Zielperson wird ein manueller Beweglichkeitstest durchgeführt. Dieser gibt Aufschluss über etwaig vorhandene Defizite und soll als Grundlage für die Übungsauswahl zur Verbesserung der Beweglichkeit dienen. Es wird ein vereinfachtes Testverfahren sowie eine Testauswertung herangezogen, die sich auf die Muskelfunktionsüberprüfung nach Janda (2000) stützen. Zunächst wird die Testausführung für jede Muskelgruppe erläutert. Die Testergebnisse werden in der Folge anhand der Richtwerte eingeordnet und bewertet. Abschließend erfolgt eine Interpretation der Testergebnisse.

2.1 Testdurchführung & Ergebnisse

Vor der Beschreibung der Testausführungen ist anzumerken, dass beide Körperhälften separat getestet werden müssen. Die Beschreibungen beziehen sich daher immer auf eine einzelne Körperhälfte. Die Testergebnisse beziehen sich, soweit nicht anders vermerkt, auf beide Körperhälften.

Tabelle 2: Durchführung des Beweglichkeitstests und Ergebnisse (Eigene Darstellung)

Brustmuskulatur (M. pectoralis major)	
Testdurchführung	Die Testperson befindet sich auf der Behandlungsliege in Rückenlage. Es ist zu beachten, dass ebenfalls das Becken Kontakt zur Auflagefläche haben muss, da ein Abheben das Testergebnis verfälschen würde. Um dies zu vermeiden werden die Beine angewinkelt und auf der Auflagefläche abgestellt. Der Tester fixiert den Brustkorb, indem die Hand auf die entsprechende Seite gelegt und der Muskel diagonal zur Körperseite leicht weggezogen wird.

Testdurchführung	Die Testperson führt eine Abduktion sowie Außenrotation des Oberarms im Schultergelenk durch. Der Ellbogen ist in einer 90°-Beuge zu halten. Die Bewegungsamplitude der Oberarmabduktion soll nun so weit wie möglich ausgeschöpft werden. Als Bewertungsmaßstab für die Beweglichkeit dient die am Ende erreichte Position des Oberarms zur Horizontalen.
Richtwerte	*Stufe 0* = Keine Beweglichkeitsdefizite; Oberarm erreicht die Horizontale; durch leichten Druck des Testers kann Oberarm unter die Horizontale bewegt werden. *Stufe 1* = Leichte Beweglichkeitsdefizite; Oberarm erreicht die Horizontale nicht; durch leichten Druck kann Oberarm bis zur Horizontale bewegt werden. *Stufe 2* = Deutliche Bewegungsdefizite; Oberarm erreicht Horizontale auch durch Druck des Testers nicht.
Bewertung	Stufe 1

Hüftbeugemuskulatur (speziell M. iliopsoas)

Testdurchführung	Der Proband befindet sich vom Kopf bis zum Gesäß in Rückenlage auf der Behandlungsliege, wobei die Beine über den Rand der Liege hängen. Die Füße werden am Boden abgestellt. Der Proband zieht nun ein Bein angewinkelt so weit wie möglich in Richtung Oberkörper. In vorliegendem Fall soll dies aufgrund des relativ kurz zurückliegenden Leistenbruchs besonders langsam erfolgen, um erneute Verletzungen der Leiste durch ruckartige Bewegungen zu vermeiden. Zudem kann das Heranziehen der Beine vom Tester unterstützt werden, um für zusätzliche Entlastung zu sorgen und ein Verletzungsrisiko zu minimieren. Des Weiteren ist zu beachten, dass Becken sowie Lendenwirbelsäule während der Testung an der Liege fixiert bleiben müssen. Das Augenmerk liegt nun bei dem überhängenden Bein. Entscheidend ist, inwieweit eine Beugung der Hüfte bei diesem stattfindet, während das andere Bein maximal an den Körper gezogen bzw. gedrückt wird. Die Beurteilung der Beweglichkeit erfolgt über die Stellung des Oberschenkels im Verhältnis zur Körperlängsachse.
Richtwerte	*Stufe 0* = Keine Beweglichkeitsdefizite; Oberschenkel erreicht Horizontale; durch leichten Druck des Testers kann Oberschenkel unter Horizontale bewegt werden. *Stufe 1* = Leichte Beweglichkeitsdefizite; leichte Hüftbeugestellung; durch leichten Druck des Testers kann Oberschenkel bis zur Horizontale bewegt werden. *Stufe 2* = Deutliche Beweglichkeitsdefizite; Oberschenkel erreicht Horizontale auch durch Druck des Testers nicht.
Bewertung	Links: Stufe 2 / Rechts: Stufe 1

Kniestreckmuskulatur (speziell M. rectus femoris)

Testdurchführung	Der Proband befindet sich auf der Behandlungsliege bis einschließlich zum Gesäß in Rückenlage, die Beine hängen vornüber. Ein Bein wird angewinkelt durch den Probanden so weit wie möglich zum Körper geführt, das andere wird durch den Tester in größtmöglicher Streckung der Hüfte fixiert (Es gelten im speziellen Fall dieselben Vorsichtsmaßnahmen wie bereits bei der Testung der Hüftbeugemuskulatur). Der Tester führt nun mit dem gestreckten Bein eine Flexion des Kniegelenks durch. Während des Tests müssen Becken und Lendenwirbelsäule an der Liege fixiert bleiben. Als Messbereich dient die Position des Unterschenkels zum Oberschenkel bei maximaler Kniebeugung.
Richtwerte	*Stufe 0* = Keine Beweglichkeitsdefizite; Unterschenkel hängt senkrecht herab; durch leichten Druck des Testers ist es möglich, die Kniebeugung zu vergrößern. *Stufe 1* = Leichte Beweglichkeitsdefizite; Unterschenkel ist leicht nach vorne gestreckt; durch leichten Druck des Testers ist es möglich, einen 90° Kniebeugewinkel zu erreichen. *Stufe 2* = Deutliche Beweglichkeitsdefizite; Unterschenkel ist deutlich nach vorne gestreckt; auch durch Druck des Testers wird 90° Kniebeugewinkel nicht erreicht.
Bewertung	Stufe 0

Kniebeugemuskulatur (Mm. Ischiocrurales)	
Testdurchführung	Der Proband befindet sich mit dem gesamten Körper in Rückenlage auf der Behandlungsliege. Ein Bein wird angewinkelt auf der Liege abgestellt. Das andere (zu testende) Bein wird vom Tester bei vollständiger Extension des Kniegelenks in die maximal mögliche Hüftflexion geführt. Während der Testung müssen Becken sowie Lendenwirbel-säule an der Liege fixiert bleiben. Die Position des nicht zu testenden, angewinkelten Beins darf nicht verändert werden. Maßgeblich zur Beurteilung der Beweglichkeit ist der Winkel zwischen Beinachse und Longitudinalachse bei größtmöglicher Hüftbeugung.
Richtwerte	*Stufe 0* = Keine Beweglichkeitsdefizite; die Flexion im Hüftgelenk ist im Ausmaß von 90° möglich. *Stufe 1* = Leichte Beweglichkeitsdefizite; die Flexion im Hüftgelenk ist bis zwischen 80-90° möglich. *Stufe 2* = Deutliche Beweglichkeitsdefizite; die Flexion im Hüftgelenk ist nur unter 80° möglich.
Bewertung	Stufe 1
Wadenmuskulatur (Mm. triceps surae)	
Testdurchführung	Der Proband befindet sich in Rückenlage auf der Behandlungsliege. Während ein Bein angewinkelt auf der Liege abgestellt wird, wird das andere (zu testende) Bein ausgestreckt abgelegt. Die distale Hälfte des Unterschenkels soll dabei über die Liege hinausragen. Um die Beweglichkeit des M. gastrocnemius zu prüfen, umfasst der Tester nun mit einer Hand das Fersenbein und übt distalwärts einen Zug an der Ferse aus. Mit der anderen Hand greift der Tester den Fuß und übt mit dem Daumen an der Außenkante des Fußes einen achsengerechten Druck in Richtung des Schienbeins aus. Um isoliert den M. soleus zu testen, wird nach Erreichen der maximalen Dorsalextension das Kniegelenk angewinkelt und der Tester versucht nun, die Bewegungsamplitude weiter zu vergrößern. Als Messbereich wird die Position vom Fuß zum Unterschenkel herangezogen.
Richtwerte	*Stufe 0* = Keine Beweglichkeitsdefizite; eine Dorsalextension ist mindestens bis zur 0°-Stellung möglich (90° zwischen Fuß und Unterschenkel). *Stufe 1* = Leichte Beweglichkeitsdefizite; die 0°-Stellung wird nicht erreicht; eine Dorsalextension ist aber möglich. *Stufe 2* = Deutliche Beweglichkeitsdefizite; eine Dorsalextension ist nur bis 10° unterhalb der 0°-Stellung möglich.
Bewertung	M. gastrocnemius: Stufe 1 M. soleus: Stufe 0

2.2 Interpretation

Der Proband hat teilweise Beweglichkeitsdefizite, die entsprechend der Anamnese so zu erwarten waren. Im Bereich der großen Brustmuskulatur konnte die Horizontale auf beiden Seiten nur unter zusätzlichem Druck des Testers erreicht werden. Es lässt sich jedoch nicht mit Sicherheit sagen, ob dies ausschließlich auf die Dehnfähigkeit des M. pectoralis major zurückzuführen ist. Die verminderte Bewegungsamplitude kann auch der leichten Hyperkyphose geschuldet sein, wodurch sich der Oberkörper bzw. die Schultern des Probanden nicht in vollständig horizontaler Position befinden. Zur Optimierung des zu planenden Trainings sollen daher therapeutische Elemente zur Verringerung der Hyperkyphose integriert werden um ein bestmögliches Ergebnis zu erzielen.

Die Hüftbeugemuskulatur sowie die Kniebeugemuskulatur des Probanden weißen ebenfalls Defizite in der Beweglichkeit auf. Eine naheliegende Erklärung hierfür ist, dass die Zielperson beruflich bedingt bereits seit vielen Jahren lange Zeit am Tag in gebeugter Hüftposition verbringt (sitzend). Durch das Radfahren mit nach vorne gelehnter Sitzposition erfolgt zusätzlich eine dauerhafte Kontraktion des M. iliopsoas. Insgesamt werden der Hüftbeuger sowie die Ischiocruralmuskulatur im Alltag des Probanden zu selten über die vollständige Bewegungsamplitude bewegt, weshalb eine verminderte Beweglichkeit nicht verwundert. Zu beachten ist allerdings, dass eine eingeschränkte Beweglichkeit des M. iliopsoas sehr wahrscheinlich mitunter auch auf die vergangene Leistenoperation zurückzuführen ist. Dies erklärt auch das erhöhte Defizit auf der linken Seite.

Durch fortschreitende Heilung des Leistengewebes ist hier eine automatische Verbesserung der Beweglichkeit zu erwarten. Ein zusätzliches Training kann dennoch vorsichtig durchgeführt werden, da das ärztlich verordnete Sportverbot bereits abgelaufen ist und sich der Proband ausreichend stabil fühlt.

Eine leichte Einschränkung der Beweglichkeit im Bereich der Wadenmuskulatur ist vermutlich ebenfalls der mangelnden Bewegung im Berufsalltag geschuldet und sollte durch gezielte Übungen rasch verbessert werden können.

3 Trainingsplanung Beweglichkeitstraining

3.1 Trainingsplan

Im Folgenden wird der Trainingsplan (Tabelle 3) dargestellt.

Tabelle 3: Trainingsplan Beweglichkeitstraining (Eigene Darstellung)

Belastungsgefüge			
TE pro Woche	Sätze pro Übung	Dehndauer	Intensität
2 x 60 min	3	Siehe jeweilige Übung	Zunächst weiches Dehnen; Dehnung soll spürbar sein. Später: Hohe Intensität bei maximaler Dehnung.

Übung 1	
Zielmuskulatur	Oberer Trapezmuskel (M. trapezius pars descendens)
Dehnform	Postisometrisch, unilateral
Dehndauer	Dehnung ca. 35 Sekunden insgesamt (vgl. Ausführung); Pause: 30 Sek.
Ausführung und übergeordnetes Ziel	Es wird ein stabiler, schulterbreiter Stand eingenommen. Die Arme liegen seitlich am Körper an. Nun wird eine Schulter nach unten gedrückt und der Kopf entlang der Frontalebene in die entgegengesetzte Richtung geneigt. Mit der anderen Hand wird der Kopf zusätzlich in Richtung der Neigung gezogen, bis eine leichte Dehnung im Trapezmuskel entsteht. Nun versucht der Proband, den Kopf in eine gerade Haltung zu drücken, wobei die Hand dagegen drückt, sodass der Trapezmuskel isometrisch arbeitet. Die isometrische Arbeit soll ca. 10 Sekunden andauern. Nun löst der Proband die Spannung. Nach 2-3 Sekunden soll der Kopf noch etwas weiter zur Seite gezogen werden, um die Dehnung noch weiter zu verstärken. Diese Position soll für weitere 20 Sekunden gehalten werden.

Durch die viele Arbeit am Schreibtisch (sitzend, aufgelegte Arme, kann es verstärkt zu Verspannungen im Bereich des Nackens kommen. Die Übung dient zur Lockerung der Muskulatur und Prävention vor Nackenverspannungen. Auch soll einer Verkürzung der Muskulatur aufgrund eines immer gleichen Haltungsmusters vorgebeugt werden. |
Übung 2	
Zielmuskulatur	Großer Brustmuskel (M. pectoralis major), Armbeuger (M. biceps brachii)
Dehnform	Aktiv statisch, bilateral
Dehndauer	Dehnung: 45 Sek.; Pause: 30 Sek.
Ausführung und übergeordnetes Ziel	Es wird ein stabiler, schulterbreiter Stand eingenommen. Der Proband führt die Arme außenrotiert zur Seite und hinter den Rücken, wobei die Daumen nach hinten zeigen. Die Schulterblattretraktoren sollen in maximale Kontraktion gebracht werden und hier für die Dauer des Satzes gehalten werden. Während die Dehnposition eingenommen wird, soll der Proband tief einatmen, um den Dehnvorgang zusätzlich zu unterstützen (Vergrößerung der Lunge/Weitung der Rippenzwischenräume).

Die Übung soll einerseits einer Verkürzung der Brustmuskulatur aufgrund der Hyperkyphose vorbeugen. Auch die Dehnung des Oberarmbeugers ist beim Probanden wichtig, da die Arme im Berufsalltaglange Zeit am Tisch aufliegen, aber auch beim Radfahren immer in der Beuge gehalten werden. Somit soll auch einer funktionellen Anpassung (Verkürzung) der Bizepsmuskulatur entgegengewirkt werden. |
Übung 3	
Zielmuskulatur	Gerade Bauchmuskulatur (M. rectus abdominis); Großer Brustmuskel (M. pectoralis major).
Dehnform	Passiv statisch, bilateral
Dehndauer	Dehnung: 45 Sek.; Pause 40 Sek.
Ausführung und übergeordnetes Ziel	Proband befindet sich in Rückenlage. Unterhalb der Brustwirbelsäule wird eine dünne Faszienrolle platziert, auf der sich der Proband ablegen soll. Hierdurch soll zum einen der Dehneffekt verstärkt, aber auch durch Druck der Hyperkyphose entgegengewirkt werden. Die Arme werden nun gestreckt und entlang der Longitudinalachse über den Kopf geführt. Sobald die Arme in einem Winkel von 100-110° zum Oberkörper stehen, sollen sie in dieser Position gehalten werden. Der Kopf wird in den Nacken gelegt.

Die Übung dient neben der Dehnung der Zielmuskulatur auch der Mobilisation der Brustwirbelsäule und soll darüber hinaus die Ausprägung der Hyperkyphose reduzieren und zu einer aufrechteren Haltung beitragen. |

	Übung 4
Zielmuskulatur	Armstrecker (M. triceps brachii)
Dehnform	Passiv dynamisch, unilateral
Dehndauer	Dehnung: 30 Sek.; Pause: 30 Sek.
Ausführung und übergeordnetes Ziel	Es wird ein aufrechter, schulterbreiter Stand eingenommen. Ein Arm wird angewinkelt und auf der Frontalebene hinter den Körper geführt, sodass der Ellbogen nach oben zeigt. Die Handfläche soll etwa auf dem Schulterblatt der anderen Körperhälfte liegen. Mit der anderen Hand wird nun auf den Ellbogen gedrückt, bis der gewünschte Dehnungsgrad im Trizeps erreicht ist. Der Druck auf den Ellbogen soll nicht dynamisch erfolgen, also abwechselnd verstärkt und wieder gelockert werden. Im Rahmen eines ausgeglichenen Trainings soll auch der Armstrecker gedehnt werden. Da der Proband auch Krafttraining betreibt dient die Übung auch präventiv vor einer eventuellen Verkürzung des Muskels.

	Übung 5
Zielmuskulatur	Gerader Bauchmuskel (M. rectus abdominis), Hüftbeugemuskel (insbes. M. iliopsoas)
Dehnform	Aktiv dynamisch, bilateral
Dehndauer	Dehnung: 30 Sek; Pause: 40 Sek.
Ausführung und übergeordnetes Ziel	Es wird ein Vierfüßerstand eingenommen, die Handflächen und Knie befinden sich auf dem Boden und halten während der gesamten Übung Bodenkontakt Nun bewegen sich die Oberschenkel und Hüfte in Richtung Boden, gleichzeitig richtet sich der Oberkörper auf. Mit den Handflächen stützt sich der Proband am Boden auf. Der Rückenstrecker hält durch aktive Arbeit den Oberkörper aufrecht. Der Kopf wird so gehalten, dass sich der Blick in die Horizontale richtet. Wegen des Leistenbruchs soll die Übung dynamisch ausgeführt werden, d.h. die Dehnung des Hüftbeugers wird für ca. 5 Sekunden angetestet und dann wieder gelockert, sodass das Leistengewebe keiner andauernden, größeren Belastung ausgesetzt wird. Die Übung dient einer Dehnung des Leistengewebes sowie einer Mobilisation der Lendenwirbelsäule.

	Übung 6
Zielmuskulatur	Breiter Rückenmuskel (M. latissimus dorsi)
Dehnform	Aktiv statisch, unilateral
Dehndauer	Dehnung: 45 Sek.; Pause: 40 Sek.
Ausführung und übergeordnetes Ziel	Es wird ein stabiler, schulterbreiter Stand eingenommen. Ein Arm liegt seitlich am Körper an. Der andere Arm wird gestreckt und entlang der Frontalebene über den Kopf geführt, sodass die Longitudinalachse durchkreuzt wird. Der Oberkörper führt im seitlichen Rumpfbereich eine Flexion in Streckrichtung des Armes aus, bis der gewünschte Dehnungsgrad in der Zielmuskulatur erreicht ist. Die Übung dient neben der Muskeldehnung auch einer Mobilisation der Wirbelsäule bei Gelenkbewegungen auf der Frontalebene.

	Übung 7
Zielmuskulatur	Gerader Rückenstrecker (M. erector spinae), Oberschenkelbindenspanner (M. tensor fascia latae), Schneidermuskel (M. sartorius), Adduktoren.
Dehnform	Aktiv dynamische Eigendehnung oder passiv statische Fremddehnung, bilateral
Dehndauer	Dehnung: 45 Sek.; Pause: 40 Sek.

	Übung 7
Ausführung und übergeordnetes Ziel	Es wird eine aufrechte Sitzposition auf dem Boden eingenommen. Die Beine sind im Hüftgelenk abduziert und im Kniegelenk flexiert. Die Fußsohlen berühren sich an den Flächen. Nun wird durch eine Flexion im Hüftgelenk der Oberkörper nach vorn geneigt; Dabei soll der Proband bewusst ausatmen und im Bereich der Lendenwirbelsäule einen Rundrücken machen um die Bewegungsamplitude zu vergrößern. Trainiert der Proband alleine, wird die Übung dynamisch ausgeführt. Der Körperschwerpunkt soll durch vorn Strecken der Arme nach vorne verlagert werden, um der Bauchmuskulatur die Arbeit zu erleichtern. Ist ein Trainingspartner zu Hilfe, kann die Übung statisch ausgeführt werden, indem dieser durch konstanten Druck auf die Schulterblätter die Hüftflexion aufrecht hält bzw. noch verstärkt, um die Übung noch effektiver zu gestalten. Durch die Übung können viele Muskelgruppen gleichzeitig gedehnt werden, bei denen der Proband zwar keine expliziten Beweglichkeitsdefizite hat, was aber dennoch im Sinne eines ganzheitlichen Trainings ist.

	Übung 8
Zielmuskulatur	Großer Gesäßmuskel (M. glutaeus maximus), Beinbeuger (M. biceps femoris), Zwillingswadenmuskel (M. gastrocnemius)
Dehnform	Aktiv dynamisch, unilateral
Dehndauer	Dehnung: 45 Sek. / Pause: 40 Sek.
Ausführung und übergeordnetes Ziel	Der Proband befindet sich in Rückenlage. Ein Bein befindet sich ausgestreckt liegend am Boden. Das andere Bein wird unterhalb der Kniekehle umfasst und in gebeugter Haltung zum Körper herangezogen. Sobald die größtmögliche Hüftflexion erreicht ist, wird eine Flexion des Kniegelenks durchgeführt, wobei der Beugewinkel im Hüftgelenk gehalten werden soll. Dabei soll im Fußgelenk eine Dorsalextension durchgeführt werden, um eine verstärkte Dehnung im M. gastrocnemius zu erzielen. Mit der Übung kann effektiv fast die gesamte Rückseite des Beins abgedeckt werden. Außerdem kann der Proband durch Zuhilfenahme beider Arme einen starken Zug auf den Muskel ausüben, was angesichts der Größe der angesprochenen Muskelgruppen auch erforderlich ist.

	Übung 9
Zielmuskulatur	Beinstrecker (M. Quadriceps femoris, insb. M. rectus femoris), Hüftbeugemuskulatur (insb. M. iliopsoas)
Dehnform	Passiv statisch, unilateral
Dehndauer	Dehnung: 30 Sek. / Pause: 30 Sek.
Ausführung und übergeordnetes Ziel	Der Proband befindet sich auf dem Boden in Seitenlage. Der untere Arm befindet sich entlang der Longitudinalachse ausgestreckt am Boden, sodass der Kopf darauf abgelegt werden kann. Das untere Bein liegt unter Einnahme eines 90°-Winkels im Hüft- sowie Kniegelenk am Boden, sodass die Seitenlage während der Übung stabil gehalten werden kann. Die Hand des oberen Arms umfasst das Fußgelenk des oberen Beins, und drückt dieses in eine maximal mögliche Flexion des Kniegelenks. Nun wird das Bein noch weiter nach hinten gezogen, um zusätzlich den Hüftbeuger zu dehnen. In diesem Teil der Bewegung soll die Dehnung nur leicht spürbar werden, um das Leistengewebe zu schonen. Die Übung soll wiederum einer Dehnung des Leistengewebes dienen um die vollständige Wiederherstellung der Beweglichkeit zu beschleunigen. Gleichzeitig kann die Beinstreckmuskulatur ohne Zusatzaufwand bearbeitet werden.

Übung 10	
Zielmuskulatur	Wadenmuskulatur (M. gastrocnemius, M. soleus)
Dehnform	Passiv statisch, unilateral
Dehndauer	Dehnung: 45 Sek. / Pause 40 Sek.
Ausführung und übergeordnetes Ziel	Der Proband nimmt einen versetzten Stand entlang der Sagittalebene ein, die Füße befinden sich im Abstand von etwa einem Meter. Der Oberkörper sowie das Hüftgelenk befinden sich in aufrechter Position und bewegen sich auf der Sagittalebene nach vorn, sodass der Körperschwerpunkt auf das vordere Bein gelegt wird. Das hintere Bein wird komplett durchgestreckt; um eine Dehnung im M. gastrocnemius zu erreichen ist darauf zu achten, dass die Fußsohle (inkl. Ferse) des hinteren Beins während der gesamten Bewegung Bodenkontakt hält.

Sobald der Satz beendet ist, wird der Körperschwerpunkt durch leichtes Zurückgehen mit dem Oberkörper nach hinten verlagert. Das Kniegelenk des hinteren Beins führt eine leichte Flexion durch und wird in Richtung Boden gedrückt. Hier ist ebenfalls der Kontakt der Ferse zum Boden zu halten. Auf diese Weise wird isoliert der M. soleus gedehnt.

Durch die Übung wird der M. Soleus zusätzlich gedehnt, sodass insgesamt die Wadenmuskulatur vollständig trainiert wurde. |

3.2 Begründung des Trainingsplans

Bei der Gestaltung des Trainingsplans galt es zu beachten, dass Schwerpunkte auf bestimmte Körperbereiche zu legen waren, da der Proband an mehreren Stellen Beweglichkeitseinschränkungen aufweist. Die bestehende Hyperkyphose im BWS-Bereich bewirkt eine bucklige Haltung des Probanden. Hierdurch werden die Schultern permanent leicht nach vorn gedrückt und die Brustmuskulatur befindet sich in einem andauernd leicht kontrahierten Zustand. Diesbezüglich werden für die Brustmuskulatur gleich zwei Dehnübungen (Übungen 2 + 3) eingeplant. Auf Dehnübungen im Bereich des mittleren Rückens (M. trapecius pars transversa, M. rhomboideus major) wird dafür verzichtet, da sich diese aufgrund der Hyperkyphose im Umkehrschluss in einem permanent gedehnten Zustand befinden und daher keine expliziten Dehnübungen erforderlich sind.

Um die Dehnbarkeit des Hüftbeugers wieder herzustellen und die Wiederherstellung der Dehnfähigkeit des Leistengewebes zu beschleunigen, werden hierfür ebenfalls zwei Übungen veranschlagt (Übungen 5 + 9), die allerdings abweichend von der ansonsten vorgesehenen Intensität vorsichtiger durchgeführt werden sollen.

Die Dehnung der ischiocruralen Muskulatur umfasst aufgrund der vorhandenen Beweglichkeitsdefizite ebenfalls zwei Übungen (Übungen 7+8).

Der Proband führt zwar zum ersten Mal ein Beweglichkeitstraining durch. Aufgrund seiner sportlichen Aktivitäten und seines allgemeinen Gesundheitszustands ist jedoch davon auszugehen, dass dieser belastbarer ist als ein durchschnittlicher Trainingsanfänger. Auch hat der Proband durch das Krafttraining schon eine gewisse Muskelkraft und Körpergefühl entwickelt, um auch anspruchsvollere, aktive Dehnmethoden mit einbinden zu können.

Grundsätzlich soll eine möglichst hohe Dehnintensität angestrebt werden. Einer Studie von Marschall (1999) zufolge verspricht dies die höchsten Effekte. Da der Proband jedoch neu im Dehntraining ist und vor allem im Bereich der Leistengegend noch vorsichtig gearbeitet werden muss, soll in den ersten Trainingswochen ein „weiches" Dehnen durchgeführt werden. Nach einigen Wochen soll der Proband die Muskulatur aber nach und nach in eine maximale Dehnung bringen.

Empfehlenswert in Bezug auf die Trainingshäufigkeit wäre ein tägliches Training durchzuführen, da das Dehnen zu keiner körperlichen Erschöpfung führt und somit keine Regenerationszeit mit eingeplant werden muss. Angesichts des aktuellen Sportprogramms des Probanden soll die Trainingshäufigkeit nur bei zwei bis drei Mal pro Woche liegen, um insgesamt nicht zu viel Freizeit in Anspruch nehmen zu müssen. Zwei bis drei Trainingseinheiten können bei Trainingsbeginnern nach Rancour, Holmes & Cipriani (2009) die Beweglichkeit verbessern. Gleichzeitig sollte die Trainingshäufigkeit auch nicht unter dieser Minimaldosis liegen, da ein darunter liegendes Minimalprogramm wahrscheinlich unwirksam bleiben wird (Franco, Signorelli, Trajano & De Oliviera, 2008).

Die Dehndauer während den einzelnen Sätzen richtet sich zum einen nach dem jeweiligen zu trainierenden Muskel und zum anderen nach den spezifischen Problemzonen des Probanden. Liegt bei einem Muskel keine Einschränkung in der Beweglichkeit vor oder betrifft der Muskel die Leistengegend wird eine geringere bzw. vorsichtigere Dehnungsdauer von 30 Sekunden gewählt. Bei großen und starken Muskelgruppen und solchen, die eine eingeschränkte Beweglichkeit aufweisen, soll die Dauer auf 45 Sekunden angehoben werden. Entsprechend der Dehnungsdauer wird auch die Pausenzeit verlängert bzw. verkürzt, in einem Rahmen von 30-40 Sekunden.

4   Trainingsplanung Koordinationstraining

Im Folgenden soll ein Koordinationstraining im Sinne eines Gleichgewichtstrainings für die Zielperson dargestellt und begründet werden.

4.1 Darstellung Trainingsplan

Im Folgenden wird der Trainingsplan für das Koordinationstraining dargestellt. Vor jeder Trainingseinheit soll eine allgemeine Erwärmung über 5-10 min stattfinden.

Tabelle 4: Gleichgewichtstraining (Eigene Darstellung)

Belastungsgefüge des Gleichgewichtstrainings		
TE pro Woche	Sätze pro Übung / Satzpause	Gesamtdauer
2	2-3 / 1 min	20 – 30 min
Übung 1		
Hilfsmittel	Partner / Balance-Pad	
Sätze/Dauer	2 x 30 Sek.	
Ausführung	Der Proband nimmt einen schulterbreiten, stabilen Stand auf einem Balance-Pad ein. Die Hände werden in die Hüfte gestützt. Nun wird der Körperschwerpunkt nach zufälligen Anweisungen des Trainingspartners in verschiedene Richtungen verlagert. Der beidbeinige Kontakt zum Pad muss während der Übung gehalten werden. Im zweiten Satz erfolgt die Übung mit geschlossenen Augen.	
Übung 2		
Hilfsmittel	Partner	
Sätze/Dauer	2 x 30 Sek.	
Ausführung	Der Proband steht auf einem Bein auf dem Boden. Nun erfolgt in gleicher Weise wie in Übung 1 eine Verlagerung des Körperschwerpunktes. Ein Satz wird auf dem linken, der andere auf dem rechten Bein ausgeführt. Sobald die Ausführung problemlos gelingt, sollen die Augen geschlossen werden.	
Übung 3		
Hilfsmittel	Handball (oder Ball mit vergleichbarer Größe)	
Sätze	2 x 30 Sek.	
Ausführung	Der Proband steht auf einem Bein. Der Ball wird mit einer Hand auf den Bauch gedrückt. Nun wird der Ball mithilfe der Hände entlang der Transversalebene einmal um den kompletten Rumpf gerollt; der Ball muss also ständigen Körperkontakt halten. Der Vorgang wird während der gesamten Belastungsdauer so oft wie möglich wiederholt. Ein Satz soll auf dem linken Bein, der andere auf dem rechten Bein durchgeführt werden. Gelingt die Übung fehlerfrei, sollen die Augen geschlossen werden.	
Übung 4		
Hilfsmittel	Handball (oder Ball mit vergleichbarer Größe), Balance Pad	
Sätze	2 x 30 Sek.	

Übung 4	
Ausführung	Der Proband nimmt einen einbeinigen Stand ein. Der Ball wird gerade nach oben in die Luft geworfen und wieder aufgefangen. Die Schwierigkeit kann erhöht werden, je höher der Ball in die Luft geworfen wird. Kann die Übung problemlos durchgeführt werden, soll der Stand auf einem Balance-Pad eingenommen werden um die Anforderungen zu erhöhen. Ein Satz wird auf dem linken, der andere auf dem rechten Bein durchgeführt.

Übung 5	
Hilfsmittel	Partner
Sätze	2 x 30 Sek.
Ausführung	Der Proband steht auf einem Bein. Der stabile Stand soll nun durch Störaktionen des Partners manipuliert werden. Dies erfolgt durch unregelmäßige Druckbewegungen an verschiedenen Körperstellen. Diese Impulse sollen zunächst langsam und wenig intensiv gesetzt werden und im Laufe der Übung häufiger und stärker werden. Der einbeinige Stand soll gehalten werden. Ein Satz wird auf dem linken, der andere auf dem rechten Bein ausgeführt.

Übung 6	
Hilfsmittel	2 Therapiekreisel
Sätze	2 x 30 Sek.
Ausführung	Der Proband nimmt einen einbeinigen Stand auf einem Therapiekreisel ein und wechselt nach ca. 3-5 Sekunden auf das andere Bein, welches auf einen zweiten, direkt daneben liegenden Therapiekreisel gesetzt wird. Der Vorgang wird während eines gesamten Satzes wiederholt. Die Herausforderung besteht darin, immer wieder einen festen einbeinigen Stand einzunehmen, ohne die Therapiekreisel zu verlassen.

Übung 7	
Hilfsmittel	2 Therapiekreisel
Sätze	2 x 30 Sek.
Ausführung	Es wird ein beidbeiniger Stand eingenommen, jedes Bein steht auf je einem Therapiekreisel. Nun werden langsame Kniebeugen ausgeführt. Durch die Verschiebung des Körperschwerpunktes während der Übung, muss das Gleichgewicht fortlaufend neu hergestellt werden.

Übung 8	
Hilfsmittel	Fitball
Sätze	3 x 30 Sek.
Ausführung	Der Proband befindet sich in der Position „Rückenbrücke" auf dem Fitball: Der Rücken liegt im Bereich der Brustwirbelsäule auf dem Fitball, der Körper befindet sich vom Kopf bis zu den Kniegelenken auf einer horizontalen Linie. Die Kniegelenke nehmen einen etwa 90° Winkel ein, die Füße werden auf dem Boden schulterbreit abgestellt. Nun werden die Arme gestreckt und zur Seite abduziert. Jetzt bewegt sich der Proband auf dem Fitball so weit wie möglich nach links und rechts. Durch die geringer werdende Auflagefläche muss das Gleichgewicht durch Rumpfrotation aufrecht erhalten werden. Anmerkung: Um eine zu starke Belastung der Leiste in der Position der Rückenbrücke zu vermeiden, soll bei etwaig auftretenden Schmerzen die Hüfte etwas abgesenkt werden, um die Dehnung des Leistengewebes zu verringern.

Übung 9	
Hilfsmittel	Fitball
Sätze	3 x 30 Sek.
Ausführung	Es wird auf dem Fitball eine stabile Brustlage eingenommen. Der Körper befindet sich in einer Linie, mit den Fußspitzen (auf den Zehen) stützt sich der Proband am Boden auf. Zuerst werden die Arme in geradliniger Verlängerung zum Körper bis knapp unter 180° im Schultergelenk abduziert. Die Schulterblätter werden nun so weit wie möglich retraktiert und über die gesamte Dauer der Übung in der Position gehalten. Nun wandern die Arme bis auf 90° Abduktionswinkel entlang der Frontalebene herunter. Nun wird der Abduktionswinkel auf 45° verkleinert und zusätzlich die Ellenbogen flexiert. Abschließend werden die Oberarme im Schultergelenk so weit wie möglich adduziert, die Unterarme stehen hierbei in einem 90° Winkel zum Oberkörper. Die verschiedenen Positionen, die durch die unterschiedlichen Adduktionswinkel erreicht werden, ähneln den Buchstabeln Y, T, W und L. Jede Position soll ca. 3 Sekunden gehalten werden, bevor die nächste Position erreicht wird.

Übung 10	
Hilfsmittel	4 Therapiekreisel
Sätze	3 (Durchläufe)
Ausführung	Die letzte Übung ist ein Gehparcour. Er besteht aus 4 Therapiekreiseln, die im Abstand von ca. 20 cm voneinander entfernt stehen. Nun stellt sich der Proband beidbeinig auf den ersten Therapiekreisel. Sobald ein sicherer Stand für 3 Sekunden gehalten wurde macht der Proband einen Schritt auf den nächsten Therapiekreisel und zieht das andere Bein nach. Der Vorgang wiederholt sich bis der Parcour beendet ist. Die Übung kann variiert werden, indem z.B. der Gang über die Therapiekreisel seitwärts erfolgt oder der Abstand zwischen den Therapiekreiseln erhöht wird oder unterschiedlich gelegt wird. Der Parcour kann auch unter Zeitdruck absolviert werden um die Schwierigkeit weiter zu erhöhen.

4.2 Begründung Trainingsplan

Das Programm wurde konzeptionell nach den Richtlinien von Chwilkowski (2006) erstellt: Die Übungen gehen von leichten hin zu schwierigen, von statischen zu dynamischen Bewegungsaufgaben. Schwerpunkte liegen auf Übungen im Stehen, sowie auf Übungen, die dazu beitragen, die Haltung des Probanden zu verbessern. Stehende Übungen, da der Proband einen großen Teil seiner Zeit im Alltag sitzend verbringt und die Tätigkeiten keinerlei Anforderungen an die propriozeptiven Fähigkeiten des Probanden stellen. Dadurch „verkümmern" die natürlichen koordinativen Fähigkeiten des Körpers, der auf mehr Bewegung und motorische und koordinative Komplexität ausgelegt ist. Diese sollen durch das Training wieder mehr gefördert werden.

Zudem spielt beim Training der propriozeptiven Fähigkeiten der Fuß eine entscheidende Rolle, da in diesem zahlreiche Mechanorezeptoren verankert sind. Werden diese stimuliert, trägt dies insgesamt zu einer Haltungsstabilisierung bei, was in vorliegendem

Fall aufgrund der Hyperkyphose ebenfalls förderlich ist. Fußschwächen hingegen können eine Reihe funktioneller Veränderungen in den weitergehenden Gelenken auslösen. Übung 1 - Übung 7 bauen aufeinander auf; die Übungen finden unter verschiedenen Bedingungen im Stehen statt, wobei die Erschwernisse, das Gleichgewicht zu halten, immer größer werden. Ab Übung 3 werden dynamische Elemente integriert, die den Probanden zwingen, seine Position teilweise (einzelne Körperpartien) oder vollständig (ganzer Körper) zu verändern und sich somit neu auszurichten und das Gleichgewicht immer wieder aufs Neue zu finden. In den Übungen 8 und 9 wird wieder die fehlstehende Wirbelsäule des Probanden berücksichtigt. Neben koordinativem Training werden hier therapeutische Elemente integriert, die zu einer Verminderung der Hyperkyphose beitragen und eine Öffnung in der Brust bewirken sollen. In Übung 8 wird zusätzlich die Schultergelenkstabilisation trainiert, um die Arme zu fixieren. Übung 9 bewirkt außerdem eine zusätzliche Kräftigung der Schulterblattretraktoren und damit ein Training zur Schulterblattstabilisation.

Mit Übung zehn erfolgt der anspruchsvollste Teil des Programms, da hier die größte Dynamik im gesamten Körper stattfindet.

Insgesamt soll das Training zweimal pro Woche stattfinden. Der Proband soll dieses seinen Krafttrainings voranstellen, da ein Koordinationstraining ebenfalls förderlich für die Übungsausführung im Krafttraining ist, wodurch dieses qualitativ aufgewertet werden kann. Zudem ist es wichtig, das Training in einem ausgeruhten Zustand zu Beginn einer Trainingseinheit durchzuführen (Häfelinger & Schuba, 2007, S. 61).

Die Dauer einer Trainingseinheit soll 30 Minuten nicht überschreiten, um den zeitlichen Verfügungsrahmen des Probanden nicht zu sprengen. Während der ersten Trainingseinheit soll genau beobachtet werden, ob Schmerzen auftreten und ob die Konzentration bzw. die Bewegungsqualität über die gesamte Dauer aufrecht erhalten werden können. Ist dies nicht der Fall, sollte die betreffende Übung oder auch das ganze Training abgebrochen werden (Häfelinger & Schuba, 2007, S. 61).

5 Literaturrecherche

Nachfolgend werden zwei Studien tabellarisch dargestellt, die sich mit den Effekten des Dehnens auf die sportliche Leistungsfähigkeit befassen.

Tabelle 5: Studie 1 (Eigene Darstellung)

Autor	Wiemann, K., Klee, A.
Jahr der Veröffentlichung	2020
Forschungsfrage	Welchen Einfluss hat ein 15-minütiges Dehnprogramm für die Hüftbeuge- und Hüftstreckmuskulatur auf die Sprintleistung?
Versuchspersonen	3 Versuchsgruppen zu je 32 Studierenden (männlich) der Bergischen Universität Wuppertal
Versuchsaufbau	Die Studie ist ein Teilexperiment von insgesamt 3 Einzelexperimenten. Die drei Versuchsgruppen führten an 3 Tagen mit jeweils einer Woche Abstand den Versuch in unterschiedlichen Vorgehensweisen aus. Zunächst erfolgte ein 15 minütiges Aufwärmprogramm. Dann wurden als Vortests zwei Kurzsprints im Abstand von 5 Minuten durchgeführt. Eine Messung der Sprintzeiten erfolgte per Infrarot-Doppellichtschranke an der 5m- und 40m- Marke.
	Anschließend absolvierte jede Testgruppe entweder ein Dehnprogramm über 15 Minuten für die Hüftbeugemuskulatur, ein Dehnprogramm über 15 Minuten für die Hüftstreckmuskulatur, oder einen 15-minütigen Dauerlauf. Abschließend wurde unmittelbar danach der Nachtest genau wie der Vortest durchgeführt (zweimal im Abstand von 5 Minuten).
Ergebnisse und Schlussfolgerungen	Die Ergebnisse beim Nachtest zeigten, dass bei den Gruppen, die den Dauerlauf durchführten, die Sprintzeiten halten konnte. Bei den Gruppen, die Dehnübungen durchführten konnte keine Sprintzeitverbesserungen dokumentiert werden, tendenziell sogar eher eine Verschlechterung.
	Ein Abgleich des ersten und zweiten Nachtests zeigt, dass der 2. Nachtest bessere Werte aufzeigt als der erste. Daraus folgt, dass ein 15-minütiges Dehnprogramm kurzfristig sogar zu einer Leistungsverschlechterung führen kann, sich die Leistung nach 5 Minuten aber wieder langsam normalisiert.

Tabelle 6: Studie 2 (Eigene Darstellung)

Autor	Paradisis, G., Pappas, P., Theodorou, A., Zacharogiannis, E., Skordilis, E., Smirniotou, A..
Jahr der Veröffentlichung	2014
Forschungsfrage	Welche Effekte haben statisches und dynamisches Dehnen auf die Explosivkraft, Flexibilität und Sprintfähigkeit bei jugendlichen Mädchen und Jungen und bestehen hierbei geschlechtsspezifische Unterschiede?
Versuchspersonen	47 sportlich aktive Jugendliche
Versuchsaufbau	In einem Vortest wurde ein 20m-Sprint, ein Bewegungstest sowie ein CMJ (eingesetzte Sprungform zum Testen der konzentrischen Kraftfähigkeit) durchgeführt. Nun wurde ein statisches bzw. dynamisches Dehnprogramm für den Hüftbeuger und-strecker sowie Beinbeuger und –strecker für jeweils 40 Sekunden durchgeführt. Abschließend erfolgte der Nachtest auf gleiche Weise wie der Vortest.
Ergebnisse und Schlussfolgerungen	- Statisches Dehnen verschlechtert die Leistungsfähigkeit sowohl beim Sprint als auch beim CMJ. - Statisches Dehnen verbessert die Leistung beim Beweglichkeitstest - Dynamisches Dehnen hat keinen Effekt auf die Sprintleistung - Dynamisches Dehnen verschlechtert den CMJ-Wert - Dynamisches Dehnen verbessert ebenfalls die Ergebnisse beim Beweglichkeitstest, jedoch nicht so sehr wie statisches Dehnen.

6   Literaturverzeichnis

Chwilkowski, C. (2006). *Medizinisches Koordinationstraining – Verbesserung der Hal-
tungs- und Bewegungskoordination durch Propriozeption* (2. Auflage). Köln: Deut-
scher Trainer Verlag.

Franco, B. L., Terrados, N., Fernandes-Garcia, B. & Suman, O. E. (2008). Acute effects
of different stretching exercises on muscular endurance. *Journal of Strength and
Conditioning Research, 22* (6), 1832-1837.

Häfelinger, U. & Schuba, V. (2007). *Koordinationstherapie – propriozeptives Training*
(Wo Sport Spaß macht, 3., überarbeitete Auflage). Aachen: Meyer & Meyer.

Janda, V. (2000). *Manuelle Muskelfunktionsdiagnostik* (4. Auflage). München: Urban &
Fischer.

Marschall, F. (1999). Wie beeinflussen unterschiedliche Dehnintensitäten kurzfristig die
Veränderung der Bewegungsreichweite? *Deutsche Zeitschrift für Sportmedizin, 50*
(1), 5-9.

Paradisis, G., Pappas, P., Theodorou, A., Zacharogiannis, E., Skordilis, E. &
Smirniotou, A. (2013). In Journal of strength and conditioning research (Hrsg.),
*Effects of Static and Dynamic Stretching on Sprint and Jump Performance in
Boys and Girls.* Zugriff am 25.11.2020, verfügbar unter
https://journals.lww.com/nscajscr/Fulltext/2014/01000/Effects_of_Static_and_Dyna
mic_Stretching_on_Sprint.20.aspx

Rancour, J., Holmes, C. F. & Cipriani, D. J. (2009). The effects of intermittent stretching following a 4-week static stretching protocol: a randomized trial. *Journal of
strength and conditioning research / National Strength & Conditioning Association,
23* (8), 2217-2222.

Wicmann, K., & Klee, A. (2020). *Muskeldehnung zur Leistungsverbesserung im Sprint.*
Wuppertal: Universität Wuppertal.

7 Tabellenverzeichnis